Bajo las Olas

Dedicatoria

A los niños del Planeta Azul – que
podamos trabajar juntos para proteger su
belleza y su diversidad.

Gracias a F. Isabel Campoy y Rick
Vahan por su colaboración en la
traducción al español.

ISBN: 1-883220-30-0

Published by DAWN Publications
12402 Bitney Springs Rd.
Nevada City, CA 95959
(530) 274-7775
nature@DawnPub.com
www.DawnPub.com
Printed in China

11 10 9 8 7 6 5 4

Designed by LeeAnn Brook
Type style is Berkeley

Introducción

Dos terceras partes de la superficie de la Tierra están cubiertas de agua. Los océanos contienen 97% de esta agua. Y en ellos, hace unos tres billones de años, comenzó el milagro de la vida. Hasta hoy, cada organismo vivo contiene agua salada y depende del agua para sobrevivir.

Así como se dice que las selvas son los pulmones de nuestro planeta, se puede decir que la red de ríos, lagos y océanos es el sistema circulatorio de la Tierra. Primero, el calor hace que el agua se evapore. Estos vapores de agua se acumulan en la atmósfera en forma de nubes, regresan a la tierra como lluvia o nieve, y finalmente ruedan hasta los mares. Este proceso, que se conoce como el ciclo del agua, refresca la atmósfera de la Tierra y es esencial para regular la atmósfera del planeta.

Entre los distintos ambientes del océano, los arrecifes de coral tienen una importancia esencial, pues le sirven de hogar a más de la cuarta parte de todas las especies marinas. Los arrecifes se encuentran sólo en aguas no muy profundas en las regiones tropicales del mundo y cubren sólo una pequeñísima fracción del fondo del océano, un área aproximadamente del tamaño del estado de Texas. Desgraciadamente, al igual que las selvas, los arrecifes de coral son uno de los ecosistemas en mayor peligro.

Quizá porque los seres humanos viven sobre la tierra, les parece que la tierra es más importante que el mar. Sin embargo, no es así. La supervivencia de la Tierra está basada en la interdependencia de su ecosistema. Cada especie necesita de otras para sobrevivir, ninguna puede sobrevivir por sí misma. Las cadenas alimenticias de todos los ecosistemas se basan en este principio. Los animales herbívoros se alimentan de plantas, productoras de energía. A su vez, los animales carnívoros se comen a los herbívoros. Cuando los animales mueren, las bacterias ayudan a descomponer sus cuerpos que se convierten en tierra para las plantas.

Los seres humanos necesitamos al océano para sobrevivir. Los océanos producen alimentos y son también nuestras mayores vías de comercio. El océano influye en todos los aspectos de nuestras vidas, crea inundaciones y lluvias y también, al acumular el agua, puede causar sequías. Sin embargo, el océano continúa relativamente poco explorado por los seres humanos en comparación a los ambientes terrestres. Estamos apenas empezando a comprender cómo funciona esta frontera de la Tierra, la mayor y la última que queda por explorar.

En el pasado no nos hemos preocupado mucho por los océanos. Ahora estamos descubriendo que hay un límite a la cantidad de basura y desperdicios tóxicos que podemos añadir al océano, y al número de especies que podemos eliminar de él, antes de causar daños irreparables. El océano no puede perdonar infinitamente y no puede tolerar el abuso de los seres humanos indefinidamente. Tenemos que esforzarnos, pues, por preservar intacto el delicado balance de las fuerzas colosales del océano. Tenemos que mirar más allá de mañana antes de hacer decisiones que afecten la estabilidad de todo el planeta. De hecho, podemos citar al capitán Jacques Cousteau: "Nuestro futuro líquido depende de la previsión, el cuidado y el amor con que utilicemos nuestra única fuente de agua: el océano."

Kristin Joy Pratt
1995

Si Caballito Marino
un día se echara
a explorar ¿a
quiénes crees que
vería por el
fondo de la mar?

Abalone

Gem Pimplet Anemone

Triseriate Auger

Tiger Auger

Abalone

Snake Locked Anemone

Magenta Point Anemone

Abalone

Eyed Auger

Admiraría a un amable pez ángel (Angelfish) adornado y ataviado,

Al pez ángel o angelote se le llama así por sus aletas anchas que parecen alas. Entre las muchas especies de vivos colores, la más espectacular es la del pez ángel reina, como éste. Estos peces viven en las aguas cálidas y tropicales del Atlántico occidental. Son muy activos durante el día pues sus colores brillantes les sirven de camuflaje al confundirse con los arrecifes de coral. De noche se ocultan en grietas entre las rocas. Sus cuerpos planos les permiten deslizarse con facilidad a través de los intersticios del coral. Algunos peces ángeles son apenas del tamaño de una de tus manos, otros son tan grandes como este libro. Para alimentarse, usan sus fuertes dientes para arrancar trozos de esponja, coral y plantas microscópicas llamadas algas. Al igual que los pericos, los cisnes y algunos otros animales, los peces ángeles se unen a su pareja para toda la vida.

Marlin Spike Auger

Horse Beadlet Anemone

Abalone

y a bellos y brillantes cangrejos azules (Blue crabs).

Los cangrejos azules tienen de tres a nueve pulgadas de anchura y un carapacho de color verde olivo. Reciben su nombre por sus patas de brillante color azul. Como ocurre con la mayor parte de los crustáceos, los cangrejos azules tienen los ojos al final de apéndices cortos y flexibles. Los dos pares de antenas, que usan para oler y sentir, son en realidad extensiones de su cerebro.

B

Sea Cucumber

Stony Coral

Giant Clam

Cuttlefish

Melwardi Cowrie

Christmas Tree Worm

Cowfish

Creole Wrasse

Crown-of-Thorns Starfish

Gorgonian Coral

C

Podría conocer a un payaso (Clownfish) de color carmesí,

El payaso recibe su nombre, por sus colores brillantes y por su boca curvada hacia abajo. Estos pececitos tienen una relación extraordinaria con las anémonas de mar: es lo que se llama una relación simbiótica. La anémona es un animal estacionario con varias hileras de tentáculos venenosos alrededor de la boca. El payaso protege sus huevos de animales predadores, poniéndolos junto a la anémona. A su vez ayuda a alimentar a la anémona. El pez se protege de la picazón de su anfitrión por medio de una cubierta mucosa que le cubre las escamas. Las franjas blancas que tiene en el cuerpo le sirven de camuflaje cuando se esconde entre los tentáculos de la anémona.

Cardinalfish

Little Warty Cowrie

Caribbean Trumpetfish

Checkerboard Wrasse

Atlantic Deep Sea Scallops

Drill Shell

Red Drum

Deep Sea Shrimp

Dragonet

D

Drupe Shell   Discus Fish   Dwarf Gourami   Dealfish   Dwarf P

o descubrir una docena de deliciosos delfines (Dolphins) divertidos.

Los delfines, como todos los mamíferos, nacen vivos y respiran aire. Los delfines atlánticos, los mayores entre los delfines de nariz corva, crecen hasta alcanzar entre ocho y doce pies de largo. Viven por todo el mundo en las aguas templadas y tropicales, usualmente cerca de la costa, pero a veces también se los encuentran en medio del océano. Los delfines atlánticos o de nariz de botella dan muestra de mucha inteligencia y son muy sociales. Las crías nacen generalmente entre la primavera y el otoño, y se ha sabido de algunos que han vivido hasta cumplir 37 años. Cuando viven en libertad, a veces se ve a los delfines nadando con cardúmenes de atunes de aleta amarilla. Los seres humanos todavía no sabemos la razón exacta de esta relación.

¡Se encontraría con una anguila (Eel) extraordinaria y exótica

Las anguila morenas o murenas tienen un cuerpo en forma de serpiente que puede medir hasta nueve pies de largo. Su forma les permite entrar a pequeñas aperturas en los arrecifes rocosos donde viven y salir de ellos. La mayor parte de las morenas cazan al atardecer o en la noche. Encuentran sus alimentos gracias a su excelente sentido del olfato. Por el día descansan en las hendiduras de las rocas. Las morenas son usualmente agresivas, pero cuando los buzos saben tratarlas, pueden ser muy gentiles y juguetonas.

E

y un fascinante y fosforescente pez faro (Flashlight fish)!

El pez faro vive en las aguas obscuras del océano profundo. Bajo cada ojo tiene una bolsa llamada fotósforo. Cada fotósforo está lleno de billones de bacterias que emiten una luz verdosa. La luz es un resultado del metabolismo de las bacterias, como el calor que emiten las personas cuando hacen ejercicio. Esta luz viva se llama bioluminiscencia. El pez faro usa los fotósforos para ver en las aguas obscuras, para atraer presas y parejas, y para asustar y confundir a los animales rapaces. Enciende y apaga sus luces al cubrir y descubrir las bolsas con pliegues de piel que actúan como párpados sobre los fotósforos.

G

Saludaría galante a un gran mero (Grouper) goloso y glotón,

Los meros o chernas viven en los arrecifes de coral del Caribe y el Índico. Cuando tienen hambre se confunden con lo que los rodea y esperan el alimento. Cuando un crustáceo o un pez delicioso se acerca, el mero abre de golpe su bocaza inmensa. Este movimiento súbito crea un vacío que succiona a la víctima. Los meros también tienen colas anchas. Cuando se ponen en movimiento su primer coletazo es tan fuerte que produce un sonoro ¡bum! Durante el día camarones limpiadores, como el que se ve sobre este mero, se reúnen en centros de limpieza. Los peces los visitan y los camarones se comen sus parásitos. El pez queda limpio y el camarón recibe una comida gratis.

y hablaría con un cangrejo ermitaño (Hermit Crab) hambriento habitante de un caracol habitable.

La mayoría de los cangrejos ermitaños protegen sus abdómenes suaves usando como casas las conchas vacías de los buccinos y otros caracoles marinos. Cuando el cangrejo crece demasiado, abandona la concha y busca otra mayor. Algunos cangrejos viven en tubos de coral o en trozos de madera huecos en lugar de una concha. Los brillantes lunares del cangrejo le sirven de camuflaje en el coral. Como todos los cangrejos, el cangrejo ermitaño tiene diez patas. Usa su gran pinza para pelear, coger alimentos y proteger su concha de atacantes. Algunos cangrejos ermitaños les sirven de casa móvil incluso a una decena de anémonas, que se adhieren a sus conchas. Las anémonas se alimentan de los restos que deja el cangrejo, mientras que el cangrejo disfruta de la protección que ofrecen los tentáculos ponzoñosos de las anémonas.

Inspeccionaría a una interesante estrella de mar (Icon Star),

Las estrellas icono son muy fáciles de identificar gracias a sus colores brillantes. Son omnívoras, que significa que comen tanto plantas como animales. Pueden llegar a tener cuatro pulgadas de ancho y generalmente viven en profundidades de 30 a 150 pies. Habitan por toda la región Indo-Pacífica, donde encuentran hogares en el fondo rocoso del océano, en los canales entre los arrecifes y bajo lajas de coral. Con frecuencia, los buceadores no llegan a ver estas estrellas tan llenas de color porque en las profundidades donde habitan hay mucha menos luz que en la superficie.

J

y se juntaría a una medusa (Jellyfish) jovial y juguetona.

Las medusas tienen cuerpos redondos, suaves y transparentes, llamados sombrillas. Aunque las medusas no tienen aletas, no se mueven sólo a merced de las corrientes marinas. Al contrario, son animales que nadan libremente impulsados por propulsión a chorro. La medusa abre su sombrilla, que se llena de agua, luego la cierra de golpe. El agua sale disparada como un chorro y crea presión, lo cual impulsa a la medusa hacia adelante. La medusa emplea sus tentáculos largos y venenosos para capturar peces. Las medusas rosadas pueden tener tentáculos de hasta 100 pies de largo.

K

Observaría muy de cerca un cangrejo color carmesí, un cangrejo de las algas (Kelp Crab),

El cangrejo de las algas vive en los bosques de algas gigantes que crecen a lo largo de las costas de California, Bretaña y la América del Sur. El cangrejo de las algas ocupa la porción media y superior de la planta, dentro de cuya densidad encuentra alimento y protección. Más de 800 especies de animales marinos pueden vivir en un bosque saludable de algas gigantes. Una sola planta puede albergar más de un millón de organismos. Las algas cosechadas y procesadas sirven para impedir que se formen cristales de hielo en el helado y para darles la textura cremosa a la pintura y a la pasta de dientes. El extracto de algas aparece en más de 300 productos usados por los seres humanos. Afortunadamente, las algas gigantes se recuperan muy bien después de la cosecha pues crecen de uno a dos pies por día.

Knight Fish

Knife Jaw

Klutzinger's Bullseye

Knight Fish

Knife Jaw

Klutzinger's Bullseye

Knight Fish

y miraría lindas lapas (Limpets).

Las lapas son animales con conchas que viven en la zona que dejan al descubierto las mareas en muchas costas rocosas de clima templado. Durante la marea alta, se mueven bajo el agua buscando algas. Durante la marea baja, sin embargo, quedan expuestas al aire y están en peligro de secarse. Aunque algunos de los organismos de esta zona pueden sobrevivir más del 50 por ciento de deshidratación, las lapas se protegen cavando pequeñas hendiduras que corresponden a la forma de sus conchas. A medida que la marea baja, las lapas se colocan en las hendiduras y conservan el agua preciada dentro de sus conchas.

Synapta Maculata

Moon Wrasse

Giant Mitre Shell

Moseley's Ascidian

Maritime Chromodoris

M

Mado

Mac Neill's Assessor

Magellan Sponge

Mandarin Fish

Caballito Marino podría encontrar muchísimos manatíes (Manatees) magníficos y maravillosos,

Los manatíes han existido por cerca de 45 millones de años. Como sus parientes lejanos, los elefantes, son mamíferos que respiran aire y tienen poco pelo. Los manatíes son herbívoros y comen cerca de 100 libras de plantas marinas diariamente. Con una dieta tal, no es de maravillarse que estos gigantes gentiles puedan pesar hasta 3,500 libras y alcanzar de 10 a 13 pies de largo. Los manatíes se pasan la mayor parte del tiempo comiendo y jugando en las aguas cálidas de la Florida. Como son muy dóciles y tienen cola en forma de abanico, muchas personas creen que los manatíes inspiraron la leyenda de las sirenas. Los manatíes no tienen enemigos naturales, pero a menudo la gente descuidada que navega en botes de motor los hiere o los mata.

contemplar a un noble nautilo (Nautilus) navegar a través de la noche náutica,

El nautilo o nautilus de concha seccionada existe desde hace 450 años. Recibe su nombre de los compartimentos de su concha que le permiten moverse verticalmente en el océano hasta 1,000 pies. Para ascender, el nautilo llena sus cámaras con gas, para descender, absorbe el gas otra vez en su cuerpo, llenando la concha con agua. Para moverse horizontalmente, el nautilo contrae su cuerpo permitiendo que entre agua en su concha. Luego, expandiendo su cuerpo, expele el agua a través de un tubo llamado sifón. Este moviento en forma de propulsión impulsa al nautilo a través del agua. Como un "submarino viviente," el nautilo pasa sus días en la profundidad de los océanos y se alimenta por las noches cerca de la superficie.

N

Orange Tube Brozoan   Olive Sea Snake   Ocellate Phyllidia

Ocellate Phyllidia

Orange Tube Brozoan

Olive Sea Snake

Olive Sea Snake

Orange Tube Brozoan

Ocellate Phyllidia

O

u observar a un
pulpo (Octopus) original.

El pulpo prefiere estar solo y le gusta ocultarse dentro de
su casa rocosa. Usa sus ochos tentáculos para alimentarse,
para saborear y para caminar. Es muy listo y tiene gran
habilidad para aprender y recordar. El pulpo se alimenta
primordialmente de cangrejos y moluscos. Usa el pico y la lengua en
forma de destornillador para hacer agujeros en las conchas. La mayoría de las
especies expresan su estado de ánimo cambiando de color desde el plateado
al rosa brillante cuando se les molesta. Si se les atemoriza expulsan
una nube de tinta negra para cegar momentáneamente y confundir
al predador. Esto le da al pulpo tiempo para escapar.

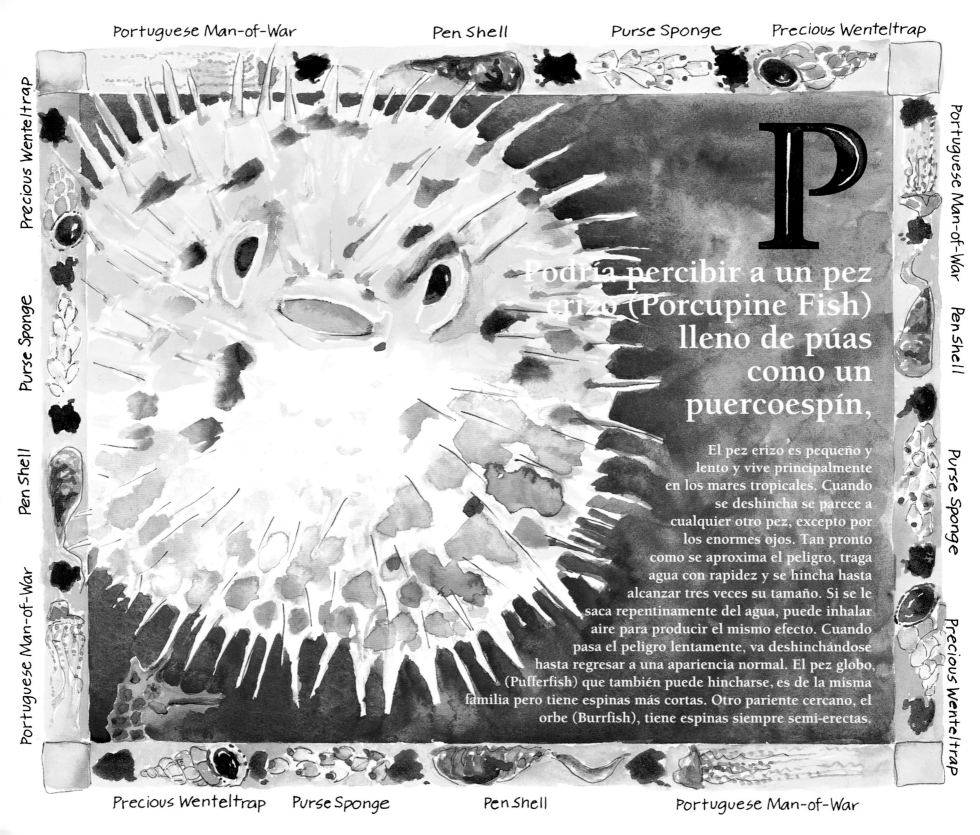

P

Podría percibir a un pez erizo (Porcupine Fish) lleno de púas como un puercoespín,

El pez erizo es pequeño y lento y vive principalmente en los mares tropicales. Cuando se deshincha se parece a cualquier otro pez, excepto por los enormes ojos. Tan pronto como se aproxima el peligro, traga agua con rapidez y se hincha hasta alcanzar tres veces su tamaño. Si se le saca repentinamente del agua, puede inhalar aire para producir el mismo efecto. Cuando pasa el peligro lentamente, va deshinchándose hasta regresar a una apariencia normal. El pez globo, (Pufferfish) que también puede hincharse, es de la misma familia pero tiene espinas más cortas. Otro pariente cercano, el orbe (Burrfish), tiene espinas siempre semi-erectas.

y querría acercarse a una quieta caracola reina (Queen Conch).

La caracola reina o cobo habita en aguas cálidas y poco profundas. Se mueve lentamente sobre la arena, alimentándose de hierbas marinas y otras algas. La caracola se mueve tan lentamente que, de hecho, varios animales marinos y plantas crecen en su superficie. Aunque la parte exterior de la concha es ruda y áspera su interior es de un precioso color rosa como el del crepúsculo. Uno de los extremos de la concha se enrosca hacia afuera, y así le permite al animal ver mientras se alimenta. En el otro extremo tiene una apertura en forma de garra o pie, que utiliza para escapar del peligro.

Ramsay's Serpent Star

Ram's Horn Shell

Ragworm

Ransonnet's Bullseye

Reticulated Dascyllus

Red-Mouthed Rock Cod

Red-Lined Flagellina Nudibranch

Red Rope Sponge

Red-Winged Pearl Shell

Red-Spined Sea Urchin

Red Sea squirt

Rápidamente reconocería a las rayas (Rays) pasando raudas junto a las rocas de un arrecife,

La mayoría de las rayas o mantas son criaturas solitarias que habitan en el fondo del mar. Se esconden en la arena durante el día y por la noche cazan calamares y otros peces pequeños. Las rayas son por lo general de color marrón o gris y se confunden con el ambiente. Tienen colas largas y delgadas, pero algunas tienen un aguijón venenoso en su base. Las rayas que tienen estos aguijones reciben los nombres de rayas vaca o pastinacas (stingrays) y usan los aguijones para protegerse contra los predadores. Las rayas que vemos aquí son rayas sureñas. Nadan en una parte del mar Caribe conocido como "Stingray City," cerca de la isla del Gran Caimán. Allí las que normalmente son rayas solitarias nadan en grandes grupos y se muestran muy activas durante el día. Son también sorprendemente mansas.

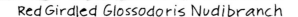

y súbitamente vería ¡siete caballitos de mar (Seahorses)!

El caballito de mar, o hipocampo, es un curioso animal de unas cinco pulgadas de largo. Tiene la cabeza parecida a la del caballo, pero el parecido termina allí. Tiene mandíbulas como de paja. Sus ojos se mueven independientemente el uno del otro, permitiéndole mirar a dos sitios a la vez. Puede incluso cambiar de color para asimilarse a su ambiente. El caballito de mar no tiene mucha fuerza para nadar y debe batir su pequeña aleta dorsal aproximadamente unas 30 veces por segundo para impulsarse. Para impedir que la corriente se lo lleve, el caballito de mar usa su cola para sujetarse a plantas marinas o corales. Como no tiene estómago para guardar los alimentos, el caballito de mar come continuamente y consume hasta 3,500 camarones al día.

T

Se tropezaría
con una tranquila
y tímida tortuga (Turtle),

Cada año, la tortuga hembra deposita sus
huevos en la arena, sobre la marca de la marea.
Aunque esto protege a los huevos y a las crías de los
ladrones de nidos que viven en las profundidades, los
expone en cambio a los predadores de tierra, tales como los
cangrejos del coco y los rabiahorcados (frigate birds). Muy a menudo
los humanos se les unen en este tipo de asalto. Para que las tortugas sobrevivan es
necesario que los lugares donde hacen sus nidos sean protegidos como santuarios. Las crías
nacen usualmente de noche, unas ocho semanas después que la madre ha puesto los huevos.
Es interesante notar que cuando la temperatura del nido es baja, las tortugas
nacen machos. Y cuando los nidos son más cálidos, nacen hembras.

U

y ubicaría unos erizos (Urchins).

Aunque los erizos marinos son muy variados en tamaño, forma y textura, todos tienen espinas. Estas espinas son armas formidables de defensa y algunas son incluso venenosas. A pesar de ello, los erizos son buena presa para peces, cangrejos, caracoles y nutrias marinas. A las gentes también les gustan. Desde los tiempos de la Grecia y Roma antiguas, a los erizos se les han servido como un preciado bocado mediterráneo. Hoy en día se les sirven en Japón como sushi. Los erizos se alimentan primordialmente de algas. Viven en ambientes rocosos y sólidos como los arrecifes de coral, las oquedades de las rocas y el fondo del océano.

V

Vería a un vigilante caracol violeta (Violet Snail) en espera de vituallas,

En lugar de arrastrarse por la superficie, el caracol violeta construye una " balsa" flotante de burbujas cubiertas por una mucosidad y se deja arrastrar por el viento y las corrientes marinas. Viaja colgado de la balsa, con la proboscis y las antenas bifurcadas apuntando hacia la superficie donde se encuentra la comida. El caracol violeta come dos tipos de medusas: el xifonóforo (Portuguese Man-of-War) y el agua mala (By-the-Wind Sailor). Sorprendentemente, el caracol violeta parece ser inmune a la venenosa agua mala y parece imitarla emitiendo corrientes de tinte violeta.

Southern Watering Pot Shell
Western Thin-Spined Urchin
Western Thin-Spined Urchin
Southern Watering Pot Shell

W

Western Thin-Spined Urchin

Southern Watering Pot Shell

y observaría, bajo las olas espumosas, una ballena (Whale) sabia y sorprendente.

Hay más de dieciséis especies de ballenas, que varían en tamaño, desde el delfín de nueve pies a la ballena azul de 100 pies. Las ballenas tienen dos modos de comer. Las ballenas dentadas usan los dientes para cazar peces y calamares. Las ballenas barbadas, como esta ballena contrahecha, tienen una pared de láminas córneas, que les crecen desde la mandíbula superior. Después de ingerir una gran cantidad de agua salada cargada de microorganismos, hacen pasar al agua a través de estas "ballenas" y se tragan los diminutos animalitos que quedan presos en ellas. Las ballenas contrahechas se encuentran en todos los continentes, pero migran entre las aguas polares en el verano y las aguas tropicales en el invierno. Tienen casi 50 pies de largo y nadan comúnmente en grupos de cuatro a doce. La ballena contrahecha emite largas y etéreas canciones que resuenan por toda una cuenca oceánica y que pueden durar unos 20 minutos.

Examinaría a un Xifosuro (Xiphosuran) que exhibe un ejemplo excelente de exoesqueleto,

Xifosuro es el nombre científico para el cangrejo bayoneta. Estos fósiles vivientes, que están emparentados más de cerca con las arañas que con los cangrejos, son remanentes de un grupo de criaturas marinas que florecieron hace unos 200 millones de años. Estos animales inofensivos, que varían en tamaño entre seis a veinticuatro pulgadas, emigran a las aguas de poca profundidad para aparearse. Si no pueden moverse a aguas más profundas antes de que la marea se retire, se entierran en la arena para esperar a la próxima marea alta. Sus duros carapachos los protegen de que el sol los seque.

X

Yellow-Bellied Sea Snake   Yellow Bluefish   Yellow Tube Sponge

Yellow Tube Sponge

Yellow-Bellied Sea Snake

Yellow Bluefish

Yellow Bluefish

Yellow-Bellied Sea Snake

Yellow Tube Sponge

Yellow Tube Sponge   Yellow Bluefish   Yellow-Bellied Sea Snake

Y

y le cedería
el paso a yardas
y yardas de atunes
amarillos (Yellowfin Tuna)

Los huevos de los atunes son del tamaño de cabezas de alfiler. Las crías nacen apenas dos días después de haber sido puestos los huevos. Tienen un enorme apetito y pueden ganar hasta 60 libras en un año. Los adultos llegan a alcanzar cerca de siete pies de largo y pueden pesar hasta 400 libras. La forma afilada del atún le permite alcanzar una velocidad máxima debajo del agua. Cuando los pescadores usan redes anticuadas para pescarlos, también atrapan o lastiman a los delfines que nadan cerca de los atunes. Hay redes más modernas que sirven para atrapar a los atunes pero permiten que los delfines puedan escapar. La preocupación del público por los delfines ha llevado a muchos empacadores de atún a distinguir los atunes pescados de este modo como "no peligroso para los delfines".

Zone Paper Bubble

Zebrida Adamsi

Yellow Commensal Zoanthid

Wagner's Zaplagius

Robust Zoanthid

Zostera

Z

y ¡se zambulliría para escapar de un pez cebra (Zebrafish)!

El pez cebra habita las aguas cálidas poco profundas que rodean las rocas y arrecifes. Se le encuentra desde el Mar Rojo, a través del océano Índico hasta Australia y el Pacífico. Sus aletas pectorales de colores brillantes son su rasgo más característico. El pez cebra puede llegar a tener 12 pulgadas de largo y tiene largas espinas en la espalda. Estas espinas dorsales están cargadas del veneno más mortal que posea ningún pez y le brindan protección contra los predadores. El pez cebra se pasa el tiempo escondido en los arrecifes o entre las plantas del fondo con sus espinas dobladas, esperando a una presa inadvertida. Cuando un pececito se acerca, el pez cebra se lanza con velocidad de rayo a capturar su presa. ¡No es de extrañar que Caballito Marino quiera alejarse a toda prisa!

Zebrasomas Scopas

Zig Zag Venus

Zebra Shrimp

Zebra Volute

Zanzibar Shrimp

Y Caballito Marino
que un día se fuera a explorar,
esto es lo que decía
al ver el fondo del mar:
Cuántas bellezas he visto,
y cuán conmovido estoy:
¡cuánto deseo que dure
tan hermoso como hoy!
Para que eso sea posible
todos tienen que ayudar,
todos los seres del mundo,
¡hay que proteger
el mar!

Sobre la autora

Llegar a tener un libro publicado es el sueño de todos los escritores en ciernes. Haber producido dos libros antes de haber terminado los estudios secundarios es un gran triunfo. Para Kristin Joy Pratt, a los 17 años, este triunfo es el fruto de su convencimiento de que todo es posible si se le dedica suficiente tiempo y energía y si uno se niega a que lo distraigan los pensamientos limitantes.

Cuando se publicó su libro **Un Paseo por el Bosque Lluvioso**, ella cursaba el segundo año de enseñanza superior. "Parents Magazine" lo llamó "un alfabeto sorprendente". "School Library Journal" dijo que el libro mostraba "talento e inquietud". Desde entonces Kristin ha mantenido un horario completo de actividades escolares mientras escribía e ilustraba **Bajo las Olas.** En su tiempo "libre," Kristin ha hecho varios viajes, ha hablado en varias conferencias y ha llevado su mensaje de inquietud por el ambiente a gran número de niños. Tanto a través de sus libros como de su vida personal, Kristin es un modelo extraordinario para la gente joven de hoy.

Agradecimientos

Me gustaría expresar mi gratitud a los muchos amigos y familiares que me han ayudado a hacer posible este trabajo — especialmente Janita Lindsay, Marcia Martin, Theodore Munnecke, Kathy Pratt, Katie Pratt, Ken Pratt, Kevin Pratt, Jack Schlueter y los miembros de Dawn Publications por su paciencia y guía.